AF453593

Lettres
Inédites

MARCEL PROUST

Lettres Inédites

Préface et Appendices
par
CAMILLE VETTARD

POUR LES AMIS DE MARCEL PROUST

BAGNÈRES-DE-BIGORRE

MCMXXVI

AU DOCTEUR HENRI BÉNÉZECH

AU MÉDECIN

AU LETTRÉ ET AU BIBLIOPHILE

A L'AMI

EN TÉMOIGNAGE DE RECONNAISSANCE

D'ESTIME ET D'AFFECTION

PROFONDES

C. V.

PRÉFACE

MARCEL PROUST
(1873-1922)

A R.-J.-G.,
au lettré-philosophe et à l'ami.

JE n'ai jamais vu Marcel Proust. Je ne puis donc esquisser son portrait physique que de seconde main. Demi-juif, comme un Montaigne, un Bergson — sa mère était née Weil — il avait dans son visage aristocratique, d'un bel ovale, au teint mat et aux cheveux d'un noir bleuté, quelque chose d'oriental. Paul Desjardins, Jacques-Emile Blanche l'ont comparé, l'un à « un jeune prince persan », l'autre à « un jeune prince assyrien ». Il tenait encore de sa mère ses yeux « merveilleux », ses grands yeux « de biche » (1), bons, caressants, nostalgiques, aux lourdes paupières brunes, au cerne de bistre immense. De corps sémite aussi, gracile et frêle, alors que son père, le Docteur Adrien Proust, professeur à la Faculté de Médecine de Paris, était de taille imposante, il s'emmaillottait, en toute saison, de fourrures, de cache-nez, ou, « comme un bibelot chinois », a dit Léon Daudet, de lainages. Enfin Proust, de même que beaucoup de juifs, était un hyperémotif. Il souffrait depuis son enfance d'un asthme et d'un rhume des foins rebelles à toute médication. Ajoutez les phobies, les obsessions, les angoisses, toutes les réactions, anormales en intensité et en durée, des grands nerveux, unies à une avidité de plaisir et d'émoi qui étonnait et même inquiétait ses

(1) Léon Daudet. — Paul Desjardins dit : « de gazelle ».

amis. « Elle était si violente, écrit Bernard Faÿ, dans son très remarquable *Panorama de la Littérature Contemporaine*, qu'elle avait quelque chose de monstrueux... Cet être si fragile était insatiable et lui, qu'un courant d'air eût tué, ne rêvait que d'aller dans les fournaises ardentes chercher une joie nouvelle. »

Avec l'âge, les troubles nerveux s'accentuèrent. Proust renonça à peu près à sortir, sauf, de loin en loin, à une heure avancée de la nuit, pour aller au Ritz ou à quelque soirée princière. Alité presque constamment et confiné dans l'atmosphère de fumigations d'une chambre aux volets toujours clos et aux murs capitonnés de liège, il se réfugia, pour parler le langage de Freud, dans l'œuvre d'art. Il écrivit cet immense ouvrage, *A la Recherche du Temps perdu*, dont la longueur « battra tous les records, ceux

PRÉFACE

des Romain Rolland, des La Calprenède et des Scudéri » (1), étonnant mélange de vérité et de poésie, de souvenirs et de fiction, qui tient des mémoires et du roman, et dépeint la vie de toute une société sous la Troisième République, ou mieux d'un « groupe » comme dirait Jules Romains. Ce « groupe » est assez mêlé. Israélites et chrétiens, grands bourgeois et aristocrates s'y coudoient avec des artistes, des littérateurs, des domestiques, des parasites ou des invertis, et tout ce monde est vu et éprouvé par un enfant, puis un jeune homme de nature poétique, gloutonne de sensations et introvertie, qui frise la névrose, et, par je ne sais quelle aberration de race ou de demi-race, déchoit jusqu'au snobisme et s'enchante de la foire aux vanités : — Proust lui-même, au moins pour les neuf dixièmes.

(1) Paul Souday.

14

PRÉFACE

Comment Marcel Proust a-t-il élaboré son œuvre? On sait que Thomas de Quincey demandait à l'opium l'abondance et la vivacité des souvenirs. Tirant, dit Baudelaire, du laudanum « un adjuvant dangereux et puissant pour ses facultés précocement rêveuses, de Quincey occupa sa nouvelle vie à revivre la première ». Il ressuscita tout son passé, mais « avec variations, fioritures, couleurs plus intenses ou plus vaporeuses. Il revit tout l'univers de son enfance, mais avec la richesse poétique qu'y ajoutait maintenant un esprit cultivé, déjà subtil et habitué à tirer ses plus grandes jouissances de la solitude et du souvenir ». Cette rémémoration intense et intégrale du passé, cette identification au *rêveur pur* de *Matière et Mémoire* de

Bergson, que le romancier anglais cherchait dans l'opium, Proust l'attendait des profondes modifications organiques que produisaient chez lui, comme font les narcotiques chez les autres, une saveur, un parfum, un bruit, ou des sensations tactiles du corps éprouvées dans les demi-réveils ou les demi-sommeils. « Une partie de mon livre, a-t-il écrit lui-même, est une partie de ma vie que j'avais oubliée et que tout d'un coup je retrouve en mangeant un peu de madeleine que j'avais trempé dans du thé... Une autre partie du livre renaît des minutes de réveil, quand on ne sait pas où on est et qu'on se croit deux ans avant dans un autre pays... » (1).

(1) Proust, dans un article intitulé *A propos du « style » de Flaubert* qu'a publié *la Nouvelle Revue Française* du 1ᵉʳ janvier 1920, parle de la valeur de ces « ressouvenirs inconscients » sur lesquels, dit-il, « j'asseois dans le dernier volume — non encore publié — de mon œuvre, toute ma théorie de l'art ». Cette théorie de

En ces moments, renaissaient en Proust, grâce à une anormale mémoire affective, les émotions perdues (1), et il s'efforçait, dans ses longues nuits d'insomnie plus ou moins fièvreuse, non seulement de se rappeler les perceptions confuses (au sens leibnizien) qui avaient provoqué ces

l'art qu'exposera le *Temps Retrouvé* offrira certainement beaucoup d'analogie avec celle qu'a proposée M. Edouard Abramowski dans un livre, que Proust ne connaissait sans doute pas, sur le *Subconscient Normal* (1914). D'après Abramowski, tous les souvenirs subsistent intégralement et indéfiniment, dans le subconscient, sous forme d'états affectifs. L'œuvre d'art, en définition psychologique, n'est qu'un souvenir émotionnel qui a retrouvé plus ou moins, sans jamais être entièrement intellectualisé, ses équivalents représentatifs et conceptuels. Mais cette formule abstraite exige, pour être bien comprise, une lecture intégrale du livre d'Abramowski

(1) Nous nous sommes tous réveillés dans l'angoisse, appelant notre mère, et redevenus petits enfants. Ce sont des résurrections émotives analogues que Proust captait au passage, retenait et interrogeait.

2   17

émotions, mais encore d'arriver à une perception claire et distincte de tous les éléments de ces perceptions, ou, si l'on veut, à une conscience séparée de toutes leurs parties, telle qu'elle peut se produire chez un ultra-moderne dont la rétine a été affinée par un Claude Monet et l'ouïe par un Debussy, dont l'odorat est « baudelairien » et l'organisme doué de je ne sais quel pouvoir d'autoscopie et de télépathie.

C'est avec ces petites perceptions que, chez Proust, l'imagination se livrait à son jeu propre de combinaison. Réunissant les éléments (infinitésimaux, si je puis dire) choisis dans plusieurs paysages, plusieurs cathédrales, plusieurs personnages réels, Proust créait, agençait un seul paysage, une seule cathédrale, un seul personnage fictifs. Combray, où nous sommes conduits dans *Du Côté de chez Swann*, emprunte certains détails à la commune d'Illiers, près Chartres, et certains autres à une maison de campagne située à Auteuil. Le pavage de l'église de Combray est celui de Saint-Pierre-sur Dives ou de Lisieux et ses vitraux appartiennent les uns à Evreux, les autres à la Sainte-Chapelle et à Pont-Audemer. Gilberte Swann, dans le même livre, présente un amalgame de traits pris à diverses petites filles rencontrées par Proust, lorsqu'il était enfant, aux Champs-Elysées. M. de Charlus, c'est, paraît-il, Montesquiou, mais un Montesquiou qui a du ventre et joue du piano. D'ailleurs Proust, dans une lettre à Gabriel de la Rochefoucauld et une autre à Jacques de Lacretelle, a donné, sur ces procédés d'invention, ou de combinaison (1), les renseigne-

---

(1) J'avoue que j'apprécie de moins en moins, à mesure que j'avance en âge et que je crois connaître mieux la vie, ces « imaginations », si elles ne sont pas d'un très grand créateur, un Shakespeare, un Gœthe, un James Joyce.

ments les plus précis. En somme, son imagination condensait en un objet ou un sujet idéaux les parties, émouvantes à des titres divers, de plusieurs objets ou sujets existants. Elle fabriquait ainsi de véritables comprimés de joie et de souffrance et édifiait un univers à souhait pour un enfant de volupté.

Alors, intervenait l'intelligence de Proust, une intelligence exceptionnellement cultivée, nourrie de psycho-physio-

Combien je souscris aujourd'hui à ces lignes d'André Gide, que je rencontre dans les *Faux-Monnayeurs* : « J'ai toujours eu le plus grand mal à maquiller la vérité. Même changer la couleur des cheveux me paraît une tricherie qui rend pour moi le vrai moins vraisemblable. *Tout se tient et je sens, entre tous les faits que m'offre la vie, des dépendances si subtiles qu'il me semble toujours qu'on n'en saurait changer un seul sans modifier tout l'ensemble.* » Quel homme mûr ne préfèrera les *Mémoires d'outre-tombe* et la *Vie de Henri Brulard* à tous les « romans » de Chateaubriand ou de Stendhal? Et qui osera, une fois, être *absolument* franc, véridique, — et intelligent?

logie ou d'histoire naturelle autant que d'esthétique, mais, à la vérité, extrêmement fine et brillante plutôt que forte. Le travail de la mémoire et de la fantaisie éveillaient dans cette intelligence des idées innombrables. Et, certes, elles peuvent donner au premier abord l'impression que l'on a affaire, dans la *Recherche du Temps perdu*, de *Swann* à *La Prisonnière*, en passant *par Sodome et Gomorrhe* (1), à un philosophe et à un savant autant qu'à un romancier. Mais il faut bien dire qu'en dépit de leur apparence philosophique et même quasi-scientifique les expressions des rapports

(1) Je préfère de beaucoup les deux premiers tomes d'*A la Recherche du Temps Perdu (Du côté de chez Swann* et *A l'ombre des Jeunes Filles en fleurs)* à ceux qui ont suivi. J'avoue même que j'aime peu *Sodome et Gomorrhe* et *La Prisonnière,* sauf certaines pages admirables comme, par exemple, celles qui ont été reproduites dans la *Nouvelle Revue Française* sous le titre : *Les Intermittences du Cœur.*

étaient moins élues chez Proust en raison de leur justesse et de leur appareil de
preuves que parce qu'émouvantes, surprenantes, troublantes. Changement per-
pétuel des êtres et des choses, instabilité,
mystère et incommunicabilité des âmes,
tels sont les principaux *leit-motives*
idéologiques de l'œuvre proustienne.
Or, à parler net, ce sont là des vues bergsoniennes, romantiques ou impression-
nistes, qui, sans atteindre à l'ossature ou
à la législation du réel, restent dans la
fluidité et l'anarchie des apparences.
Même dans le domaine de la pensée,
Proust cherchait encore un émoi quasi-
charnel de sa sensibilité ou, si l'on préfère, la satisfaction de ses désirs et
de ses instincts bien plus que ce plaisir cérébral pur de voir clair et juste
que l'on distingue chez Stendhal, étant
bien entendu et répété qu'il s'agit
ici non de la connaissance sensible des

objets, où Proust apportait un tel esprit
de clarté et de distinction, mais de
la connaissance intellectuelle de leurs
rapports. Si la réalité était bergsonienne,
nuls livres ne nous y plongeraient davantage que *Swann* ou *Les Jeunes filles en
fleurs*. Mais, à mon sens, ils nous immer-
gent plutôt dans un monde qui, pour être
possible, n'en diffère pas moins, comme
un gaz d'un solide, du monde réel.

La technique proustienne est celle
d'un écrivain qui veut faire de ses idées
et des parties de ses perceptions et
de ses sentiments « des dénombre-
ments si entiers qu'il soit assuré de
ne rien omettre ». Un peu « belphégo-
rienne », dirait, je pense, Benda, elle
n'admet pas le primat de l'intelligence,
de l'esprit géométrique, qui visent à
n'exprimer que l'essentiel. Elle institue

le primat de la mémoire, de l'esprit de
finesse (au sens de Pascal et de Duhem),
qui veulent l'innombrable, fût-ce au prix
de multiples incidentes, parenthèses, propositions subordonnées, retours, ajoutés,
interpolations et virgules. On a évoqué
à ce propos la phrase de Saint-Simon.
J'oserais bien plutôt, en raison de la len-
teur et de l'accent intime de la parole,
faire allusion à Descartes! Mais, au vrai,
Proust a été encouragé, dans le choix
de son style (je dirais presque : de son
absence de style) (1), par l'exemple de
Ruskin, dont il a traduit avec ferveur *La
Bible d'Amiens* et *Sésame et les lis*, et

(1) Du même genre est la tentative du
« monologue intérieur ». (Edouard Dujardin,
dans *Les Lauriers sont coupés*, et James Joyce
dans *Ulysses*.) Il y a aussi Meredith, George
Eliot, Dickens, Thomas Hardy, Galsworthy, etc...,
etc... Proust a ses termes de comparaison beaucoup plus dans la littérature anglaise que dans
la littérature française. Le roman anglais est
surtout esprit de finesse et le roman français
esprit de géométrie.

24

dont M. Robert de la Sizeranne a compté que certaine période ne contenait pas moins de 619 mots et 80 signes de ponctuation. Un peu avant Proust, d'ailleurs, un autre admirateur de Ruskin, le romancier anglo-américain Henry James avait adopté cette prose « chantournée » aux nombreuses incidentes et parenthèses, au point que telles de ses phrases, dans *The Ambassadors,* ont fait dire à Jacques-Emile Blanche qu'elles « pourraient être prises pour des phrases de Proust transcrites en anglais ». Au demeurant, ces deux styles (1) se ressen-

---

(1) On peut appeler le style de Proust, comme je l'ai dit et répété (sans avoir été compris) un style mollusque (Einstein). M. de Pesloüan l'a appelé un « style colloïdal ». Le grand mérite de ce style est d'être absolument neuf, de ne pasticher ou imiter aucun style, — au moins français. On me dira qu'il devait beaucoup à la conversation de Montesquiou. C'est vrai. Je l'avais toujours pressenti, et le livre de Mme de Clermont-Tonnerre sur Montesquiou et Proust est venu confirmer ce pressentiment.

tent, j'imagine, des habitudes de travail de leurs auteurs. Si James dictait, « parlait » ses livres, Proust, nous rapporte M. Léon Pierre-Quint (1), « travaillait dans son lit, où les feuillets épars étaient répandus..., dans une attitude aussi incommode que possible : une bouteille d'encre de vingt-cinq centimes toujours à moitié vide, une mauvaise plume, un mince porte-plume de bois. Il tenait sa feuille de papier en l'air, sans l'appuyer sur une table ou même sur un buvard ou un livre, ce qui explique son écriture presque sans pleins et sans déliés. C'est dans cette position douloureuse qu'il écrivit presque toute son œuvre... ». Léon Pierre-Quint ajoute : « et ses innombrables lettres ».

(1) *Marcel Proust, sa vie, son œuvre* (Simon Kra, éd.).

26

*
**

De ces lettres, je publie aujourd'hui (1) celles que j'ai eu le grand honneur de recevoir. Elles n'étaient pas toujours timbrées. Elles étaient rarement datées. Elles portaient quelquefois l'indication de la dernière adresse de Proust : 44, rue Hamelin.

Je ne regarde pas sans beaucoup d'émotion, et un sentiment d'infinie et fidèle gratitude, ces minces feuillets, qui me dispensèrent tant de joie. Le papier est blanc, gris-bleuté ou mauve-bleuté. Certaines lettres sont autographes. D'autres sont dactylographiées. Mais, quand la lettre était écrite sous la dictée ou reproduite à la machine, Proust ajoutait le plus souvent de sa main un

(1) Avec quelques suppressions de passages qui mettent en cause des tiers, et avec l'autorisation du Docteur Robert Proust, frère de Marcel Proust, que je suis heureux de remercier ici publiquement.

post-scriptum plus long que l'écrit lui-même. Quelle graphie élégante et subtile ! Elle était sans pleins, toute en déliés. Elle semblait tracée non à la plume, mais à la pointe. Les fins caractères cursifs, à l'encre noire, se hâtaient en long, en large, en travers, au gré de la position du papier. Proust n'avait souci ni de la commodité du lecteur ni de l'ordre des pages. La sixième précédait la cinquième et la dixième suivait la onzième, car les lettres de Proust avaient souvent douze ou quatorze pages. Il ne se servait pas toujours de papier à lettres. Il prenait un exemplaire de ses livres et écrivait sur la feuille de garde. Il commençait à peu près à demi-page, poursuivait dans la moitié inférieure et terminait, sans préjudice de quelque post-scriptum marginal, dans la moitié supérieure.

Il arrivait que Céleste Albaret, la fidèle gouvernante de Proust, écrivît le début d'une lettre sous la dictée de son maitre. Mais celui-ci, de guerre lasse, se décidait vers la troisième ou quatrième page à prendre la plume et son écriture nerveuse succédait à celle, plus calme, de sa « femme de chambre ». Quelquefois, cependant, celle-ci était ma seule correspondante. Elle était « chargée par M. Proust trop souffrant » de telle ou telle communication. Elle m'assurait de ses sentiments distingués et me transmettait « les admiratives amitiés de M. Proust ».

Cette correspondance me parvenait dans une petite ville d'eaux : c'est un lieu exquis, à peine gâté par des sots et des paranoïaques de la politique et des fonctions qui s'y rattachent. Je vivais là, inconnu, solitaire, entre un couvent et des montagnes, avec quelques livres (1).

(1) Ceux de Proust, Einstein, Joyce, ma trinité de prédilection, la trinité de contemporains que j'estimais, avec raison, je crois, géniale.

Proust a toujours ignoré mon âge, ma situation et mon visage.

*
* *

Je pense que les lettres qu'il m'a adressées montreront quelle amitié inquiète, ingénieuse, « fastueuse » — ce mot inégalable est d'André Gide — il pouvait prodiguer à un « ami inconnu », que ne lui recommandait aucune espèce de notoriété ou d'influence et qui a toujours été séparé de lui par une distance, jamais franchie, de huit cents kilomètres.

C'est le motif pour quoi je les publie.

Il ne s'agit plus aujourd'hui d'affirmer et de prouver un génie de sensibilité, de mémoire et d'intuition, qui n'est plus méconnu. Il s'agit de défendre contre la frivolité et la malice du siècle l'ami que fut, que pouvait être Marcel Proust.

Cette défense n'est pas, hélas! inutile. N'avons-nous pas lu, dans un livre, d'une grâce et d'une perfidie toutes féminines, que Proust « exaltait jusqu'à l'outrance des sentiments fugitifs », qu' « il ne fallait pas être dupe », qu' « il avait besoin de cette hypertrophie sentimentale pour travailler », qu' « il n'y avait au fond de tout cela que beaucoup d'indifférence »? Voilà, certes, qui est apparemment fort bien dit. Malheureusement j'ignore par quel miracle indifférence et hypertrophie sentimentale peuvent se concilier. Et je ne sais pas ce que doit être une hypertrophie sentimentale qui a des effets mais point de cause.

Je pense tout simplement, dans ma naïveté, qu'il est bien difficile à un Hamlet de la sensibilité, anxieux, rongé de doutes et d'inquiétudes, doué, par surcroît, de « cet esprit vif » et de « ces yeux fins », dont parlait le chevalier Méré, qui font qu' « on remarque à la mine et à l'air des personnes qu'on voit quantité de choses qui peuvent beaucoup servir »,

— je pense, dis-je, qu'il est bien difficile à cette manière d'Hamlet de persévérer dans beaucoup d'entre ses amitiés. Il y faudrait tant de philosophie, d'équilibre, et de sérénité olympienne! Seul un dieu ou un demi-dieu pourrait allier à l'omniscience et à la toute-puissance une suprême bonté et un amour infini d'autrui. Quant à nos semblables, ne leur demandons pas d'être surhumains. Et souhaitons simplement à chacun de nous non pas l'impossible, mais seulement l'improbable, c'est-à-dire la chance infiniment rare de rencontrer un Proust.

Je sais... On me dira que Proust a médit de l'amitié. Oui, il s'est posé dans les *Jeunes Filles*, dans *Guermantes*, en contempteur d'un sentiment qui est l'un des plus nobles et des plus aimables qui puisse naître ici-bas. Cher grand ami! Il aurait voulu persuader ses lecteurs et *se* persuader qu'il mettait ses inclinations et ses joies amicales singulièrement au-dessous de la littérature et de l'art. Volontiers il eût déclaré, de connivence avec Mallarmé, qu'une période, qu'un alexandrin, d'une beauté suprême et unique, sont la fin et la raison d'être de ce qu'on appelle, je ne sais trop pourquoi, *l'univers.* Mais je crois, j'ai même la certitude secrète que Marcel Proust eût facilement convenu de la vanité des lettres et autres Muses. Elles ne sont que des substituts de l'amour, de l'amitié et des joies terrestres en général. Et l'on écrit *La Chartreuse de Parme,* quand on est Stendhal, faute de conversations agréables et de zambajon, et *A la Recherche du Temps Perdu,* quand on est Proust, parce qu'on vit retiré du siècle et privé par la maladie, non moins que le fut un Pascal, de « l'usage délicieux et criminel du monde ».

Camille Vettard

Bagnères-de-Bigorre, le 24 octobre 1925.

LETTRES INÉDITES

DE

MARCEL PROUST

A

CAMILLE VETTARD

(1920-1922)

LETTRE I

Monsieur et cher confrère,

Je sors à peine d'une si grave maladie que toute correspondance m'est interdite. Mais j'ai tenu à vous remercier d'une lettre charmante (1), et à vous dire le souvenir que j'ai gardé des beaux articles sur Gogol, sur Wells, de l'allusion à « jusqu'à ce dernier » de Ruskin (2), qui m'ont fait penser à une culture variée, féconde, profonde.

Votre très reconnaissant

MARCEL PROUST

(1) J'avais exprimé à Marcel Proust mon admiration pour ses deux premiers livres : *Du côté de chez Swann, A l'ombre des Jeunes Filles en fleurs.*

(2 Je reproduis ces articles dans l'Appendice I.

LETTRES INÉDITES

DÉDICACE

D'UN

EXEMPLAIRE « DU COTÉ DE GUERMANTES »

A Monsieur Camille Vettard

Cher Monsieur je viens d'être à peu près mourant et malheureusement ne vois pas par où revenir la vie. Mais ma première lettre (au lieu de tant de centaines et de centaines de réponses accumulées) (1) sera une dédicace, celle-ci, pour vous dire que je pense bien souvent à vous, dans une grande union de pensées, pleine de gratitude. Je vous ai écrit, n'est-ce pas, au sujet de ce que vous aviez dit sur Wells, etc... Croyez à ma vive sympathie.

MARCEL PROUST

(1) Allusion, sans doute, aux 800 lettres de félicitations que Proust avait reçues à l'occasion du Prix Goncourt.

38

Je serais très content (si toutefois j'étais capable de les comprendre) de savoir quels sont ces livres de science qui ont renouvelé votre vision des choses (1).

(1) J'avais écrit assez ingénument à Proust, dans une lettre concernant *Le Côté de Guermantes*, que « certains livres de sciences avaient renouvelé ma vision des choses ». Je lui répondis qu'il s'agissait des spéculations sur le hasard d'un Maxwell, d'un Boltzmann, d'un Gibbs, et des théories relativistes d'Einstein, qui n'étaient pas encore à la mode — le lien étant d'ailleurs encore à trouver entre ces deux sortes de doctrines.

LETTRES INÉDITES

Paris le 21 février 1922.

Cher ami, (car il me paraît bien difficile de vous dire « Cher Monsieur », quand je vois que nous sommes si près l'un de l'autre par la pensée et que l'amitié est précisément le sentiment que j'éprouve. Naturellement si vous continuez à me dire « Cher Monsieur » je reviendrai au « Cher Monsieur », mais, en réalité, « Cher ami » me paraît plutôt trop peu et bien banal employé à l'égard d'une âme d'élite).

Je suis bien embarrassé pour vous dire mon opinion sur votre dédicace. (1) Je

(1) Il s'agit d'une dédicace à Marcel Proust, que je lui avais communiquée et qui figurait en tête d'un roman manuscrit, *Pauper le Grand,*

40

suis bien sûr que l'admiration que j'ai pour elle ne tient pas aux éloges que vous m'y donnez, mais, malgré tout, vous me donnez ces éloges et cela me rend, comme envers quelques autres, assez craintif. Je suis gêné de vous dire combien je trouve merveilleuses ces pages, les vôtres, et pourtant je sais que je vous le dirais s'il ne s'agissait pas de moi.

Dès le début, la petite vitrine aux poupées en costume local m'a enchanté. Ce n'était qu'un début; depuis la beauté de ces pages n'a cessé de grandir. Je crois que vous vous trompez sur le « rien choisir, rien sacrifier », mais bien entendu, c'est votre opinion sur mon livre qu'il s'agit d'exprimer et non pas la mienne. Je vous exprimerais mieux cela si j'étais en état d'écrire, mais la

encore inédit, qui a été retenu en 1924 par le jury du Grand Prix Balzac. Cette dédicace est reproduite dans l'Appendice II.

maladie me force à dicter. (1) Est-ce que cela vous ferait plaisir que cette dédicace parût dans la Nouvelle Revue Française, *ou dans la* Revue de la Semaine, *journal de Jacques Boulenger (ne pas confondre avec le* Carnet de la Semaine). *Je ne sais pas si je l'obtiendrai. En tout cas, il est inutile que je le demande avant de savoir si cela vous plairait. Peut-être les lignes de la fin ont-elles l'air de faire croire entre nous à des relations suivies (2) et par là donner rétroactivement à ce qui précède un air (3) de complaisance. Léon Daudet, qui ne cesse pas de*

(1) La lettre est dactylographiée.

(2) A la plume, en marge : *que j'aimerais tant.*

(3) La dactylographe avait écrit « sorte » et, plus haut, « que j'aimerais tendre » au lieu de « que j'aimerais tant ». Proust a écrit en marge, à la plume : « Ma dactylographe qui avait mis *tendre* pour *tant,* ce qui du moins sonne pareil, a mis *sorte* pour *air,* ce qui est inexplicable ».

42

me célébrer dans un journal qui n'est pas de mon goût n'a jamais l'air dans ses articles de me connaître. Au reste c'est un peu vrai, je l'ai vu 3 fois en 20 ans tant ma santé me met dans un isolement à peine croyable.

C'est avec tout mon cœur reconnaissant que je vous dis, fatigué de dicter plus longtemps, mon amitié et mon admiration *profondes.*

MARCEL PROUST

LETTRES INÉDITES

LETTRE III

(Extraits)

Paris, le 12 mars 1922.

Cher ami, (1)

Je suis dans un si inexprimable état de fatigue et de souffrance que je ne sais si, même en abrégeant, je vous expliquerai clairement ce qui se passe...

J'avais fait venir Jacques Rivière à la maison et lui avais remis votre manuscrit. N'ayant plus de réponse je m'agitais comme vous pouvez penser. Gallimard n'était pas au courant et Jacques Rivière dont le téléphone était sourd, ce

(1) Dactylographié.

que je comprends maintenant, était parti
pour la Suisse sans me donner de
réponse, mais en vous écrivant à vous,
comme me le dit un mot de Paulhan. Je
vais donc me retourner vers la Revue de
la Semaine de Jacques Boulenger (puisque le Figaro de Flers ne semble pas
vous plaire)...

Malheureusement c'est dimanche. J'ai
fait chercher partout Gallimard sans le
trouver. Seul le directeur de la Revue
Musicale, qui n'est pas au courant, a
répondu.

Je ne peux pas vous dire le mauvais
sang que je me suis fait ces jours-ci.
Si vous avez une copie de votre dédicace,
vous feriez bien de me l'envoyer, car
j'ignore si en partant pour la Suisse,
Rivière a remis à quelqu'un la copie que
je lui avais confiée...

Croyez, cher ami, autant que je puis
les exprimer dans mon malaise et mon

*énervement, à mes sentiments de bien
vive et bien reconnaissante affection.*

Marcel Proust

*Je comprends (1) que dans la fièvre
de son départ et malade comme il l'est
depuis quelques années, Rivière n'ait pu
m'écrire. Je suis tout de même étonné
qu'il n'ait pas songé à me prévenir. Je
dis : pas songé à me prévenir, car le mot
de Paulhan est la réponse à un télépho-
nage que je lui ai fait faire au Ministère;
et il ne semble pas que Rivière l'ait
chargé de rien pour moi. Mon dernier
espoir était en Madame Rivière. Or elle
est partie avec son mari pour la Suisse.
De sorte que je ne sais même pas si en
lui télégraphiant ma dépêche arriverait
où il faut, le jour qu'il faut, les conférences qu'il est allé faire ayant lieu en diverses villes. D'ailleurs il a toujours été si*

(1) De la main de Proust.

gentil pour moi que je serais bien surpris si quand vous aurez ce mot, je n'en avais pas reçu un de lui. Ma dactylographe dort, c'est pour cela qu'en relisant sa lettre, j'ai ajouté moi-même à la plume ces quelques mots que mon état de santé rend peu lisibles. Lisez-y du moins mon amitié.

LETTRES INÉDITES

Paris, le 18 mars 1922.

    Cher ami,

Je vous écris très difficilement, car je n'ai pas dormi une minute depuis 10 jours, mais enfin voici : Jacques Boulenger a accepté, sans même que je la lui envoie et rien que sur ce que je lui ai dit, votre dédicace, mais comme il est encombré en ce moment par la publication de conférences, cela peut amener un certain retard.

Il faut vous dire que vous n'êtes pas une nouvelle connaissance pour lui, car à une époque où je ne me doutais guère que vous estimiez mes écrits, je lui avais conseillé à plusieurs reprises, d'après la lecture de vos articles, de tâcher de s'annexer à l'Opinion, un talent aussi original et profond que le vôtre, mais il n'y était pas le maître et puis il travaille à peu près 24 heures par jour, comprend à peine les lettres que je lui écris et n'y répond guère. J'ai eu la chance que pour vous, il a répondu par retour du courrier en acceptant de tout cœur quoique avec délai...

Cher ami, je vous remercie encore de tout mon cœur et vous prie de croire à ma reconnaissante et admirative affection.

MARCEL PROUST

LETTRES INÉDITES

LETTRE V

(Extraits)

Dimanche, 19 mars 1922.

Mon cher ami,

... Je ne suis pas de votre avis pour André Gide; (1) il a de grandes raisons de m'en vouloir, auxquelles je ne peux rien et qui ne feront malheureusement que s'aggraver; malgré cela, il m'a mis seul dans mon temps (ce qui est une exagération folle) ou tout au moins, avec Valéry, qui est son plus vieil ami.

(1) Préférant de beaucoup en ce temps-là Proust à Valéry, je m'étais indigné (à tort) que Gide — notre « contemporain capital » a dit non sans raison Rouveyre — mît l'un et l'autre au même rang ou, peut-être, Valéry avant Proust.

... Il faut absolument que je reste à la Nouvelle Revue Française (je reconnais dans mon cœur toutes les gentillesses qu'ils ont eues inlassablement pour moi et qui sont même plus grandes que celles que vous avez pu discerner dans la Revue), au lieu d'entrer aux Œuvres Libres qui sont, matériellement, une vraie fortune pour moi, afin de servir de pont entre vous, Gallimard et Rivière, et dissiper certains malentendus. La NRF peut être de beaucoup d'avenir pour vous, et les Œuvres Libres (si utilisables pour moi pour le côté « Nouvelles » que j'extrais si aisément de mes volumes) ne seraient au contraire pour vous d'aucun usage...

Votre ami dévoué et reconnaissant

MARCEL PROUST

LETTRE VI

(Extraits)

30 mars 1922.

Mon cher ami,

... La raison, je ne sais s'il vous l'a dite, pour laquelle Rivière a hésité à publier, comme je le lui avais demandé, votre dédicace, est (c'est inexact résumé ainsi) qu'il croyait me nuire en faisant présenter mon livre comme quelque chose d'abstrait, d'abstrus, surtout par la comparaison avec Einstein, ce qui est au contraire le plus immense honneur et le plus vif plaisir qu'on puisse me faire... (D'ailleurs spontanément il a dès la première lecture goûté extrêmement certai-

nes vues très fines de cette préface.)
C'est un être délicieux, d'une intelligence
exquise, d'une moralité admirable, avec
des scrupules littéraires que je ne comprends pas plus que ses engouements.
En tout cas, il m'a écrit (si vous saviez
cette torture d'écrire dans l'état physique où je suis) : « votre livre est à peine
annoncé que tels et tels collaborateurs de
la Revue se disputent à qui en rendra
compte ». Il me citait les noms et ajoutait : « Si vous préférez Vettard je crois
qu'il fera quelque chose de très bien
aussi ». Et si je lui ai dit de choisir qui
il voulait au lieu de désigner Vettard,
c'est que je savais que vous prépariez
une étude et ne voulais pas abuser de
votre bonté...

Toute mon admirative amitié

MARCEL PROUST

P. S. — Vous ai-je parlé de la magnifique étude de Curtius (1) sur moi?

P. S. — Cher ami, cette lettre n'était pas encore retranscrite à la machine que j'ai eu deux fois la visite de Gallimard et de Rivière. La première fois, je dormais et on n'a pas osé me déranger, mais ils sont revenus et je les ai vus. (Je reconnais que mon état de santé ne me permet de donner des rendez-vous ou de recevoir qu'à des heures si invraisemblables que je comprends que ce ne soit pas bien facile pour quelqu'un qui a une vie organisée). Rivière ignorait que vous êtes mathématicien et s'imaginait que vous aviez ajouté un appareil mathématique hâtivement étudié pour la circonstance. Je lui ai expliqué la grande erreur

(1) Le critique allemand Ernst Robert Curtius. L'étude dont parle Proust avait paru dans la *Neue Merkur* de février 1922. Proust écrivit à Curtius pour lui témoigner son plaisir d'avoir été si bien compris.

54

qu'il commettait sur votre compte. Il a été très confus, très gentil et m'a promis de vous écrire.

Encore toute mon admirative amitié.

LETTRES INÉDITES

Dimanche 9 avril 1922.

Monsieur,

Monsieur Proust, trop souffrant, me charge de vous envoyer le fragment ci-joint d'une lettre de M. Gallimard. (1) Il ne peut pas vous adresser la lettre tout entière parce qu'elle a trait à des rapports d'auteur à éditeur entre M. Gallimard et M. Proust et que

(1) J'avais demandé à Proust l'article d'Ernst Robert Curtius dont il est question dans la précédente lettre. M. Gallimard écrivait à Proust à la date du 6 avril : « Je vous enverrai demain la date du numéro des « Hommes du Jour » résumant l'article de Curtius... Vous recevrez la traduction de l'article de Curtius la semaine prochaine... ».

56

M. Proust a besoin de l'avoir sous la main.

En vous transmettant les admiratives amitiés de M. Proust, je vous prie d'agréer, Monsieur, l'expression de mes sentiments les plus distingués.

C. ALBARET (1)

(1) Céleste ALBARET, « la chère et fidèle gouvernante » de Proust, dont il est question dans *A la Recherche du Temps Perdu,* à partir de *Sodome et Gomorrhe.*

LETTRES INÉDITES

LETTRE VIII

(Extraits)

Mon cher ami,

Dans des jours qui sont pour moi, par la souffrance physique et morale, une véritable agonie, où je n'écris à qui que ce soit, vous me forcez pourtant à vous écrire. En effet j'ai reçu il y a 2 ou 3 jours (n'ayant pas dormi depuis tant de jours je ne sais plus le temps et je n'ai même pas pu envoyer mon nouveau livre) une lettre de Jacques Boulenger me communiquant une lettre de vous qu'en toute tendre affection pour vous je déplore. Imaginez la stupeur de Jacques Boulanger (et surtout n'obéissez pas à une impulsion nouvelle en lui envoyant une lettre plus douce qui le froisserait).

58

J'arrangerai les choses. Je lui ai promis un article mais lui ai demandé comme un service de prendre cette dédicace de vous. Avec la chaleur de son cœur généreux, il a accepté d'emblée, sans demander à lire, cette dédicace qui me « présentait » en quelque sorte à ses lecteurs (lesquels me connaissent très bien) et devait précéder immédiatement, dans le même numéro, mon article (article que je n'ai pu à cause de mon état de santé donner encore). Jacques Boulenger est tué de travail, fait dix mille choses par jour, n'a pas arrêté spécialement son esprit sur votre dédicace puisque c'était promis par lui (à ce propos en lui demandant s'il admet la forme dédicace vous mettez indirectement, et involontairement j'en suis sûr, ma parole en doute) et il reçoit une lettre qui a un air insolent, lui défendant de publier la dédicace, etc... (1)

(1 J'avais écrit à Jacques Boulenger que ma

J'en suis d'autant plus ennuyé qu'il y a un an j'ai été bien involontairement cause d'une crasse qui lui a été faite. Il a très bien compris que je n'y étais en réalité pour rien mais j'ai été si malheureux de cela que je lui ai dédié dans la N. R. F. (1) un fragment : « En tram à la Raspelière, à Jacques Boulenger ». Peu avant, également par ma faute, Montesquiou lui faisait une autre crasse. Enfin, pour la troisième fois que je suis en rapport avec lui, même déveine. Non certes que l'affreux et vulgaire mot « crasse » puisse s'appliquer à votre lettre et d'ailleurs vous êtes trop noble pour être capable de ce genre de choses. Il n'en a pas moins été surpris et la lettre où il a inclus la vôtre est « fraîche » pour moi. Je vous prie, ne cherchez pas

dédicace ne me plaisait plus, que j'allais la refaire, et je le priais donc de surseoir à sa publication.

(1) *La Nouvelle Revue Française.*

à rien adoucir. Mais ne soyez pas si impulsif. Voyez comme tout le désir que j'ai de mettre en lumière votre grand talent, est contrarié par vos démarches imprudentes. La fatigue inouïe m'empêche de prolonger, je vous admire, je vous aime et de tout cœur je vous tends la main.

MARCEL PROUST

LETTRES INÉDITES

LETTRE IX

(Extraits)

Cher ami,

Pardonnez-moi de vous écrire sur cet atroce papier mais c'est tout ce que j'ai sous la main et après quelques jours d'un mieux tel que cela ressemblait à une demi guérison, j'ai été pris d'une fièvre rhumatismale qui ne me fait pas seulement souffrir mais me donne le malaise inséparable de 39° constants. J'ai pourtant tâché au reçu de votre lettre de secouer ce malaise pour envoyer votre étude à Rivière (1) en lui demandant de la publier dans le n° de juillet. (Sans quoi je l'eusse donnée à Robert de Flers).

(1) Lettre à Jacques Rivière sur *Proust et Einstein*. (Voir Appendice III.)

Rivière a tergiversé pendant si long-temps qu'elle passera seulement dans le n° d'août. Mais je ne veux pas avoir l'air de me plaindre de la N. R. F., l'ayant fait à elle-même avec une abondance et une vivacité qu'au fond je regrette, Gide qui est venu me voir m'ayant dit que j'étais d'une injustice et d'une ingratitude révol-tante envers elle, ce qui est faux... Il paraît du reste que j'agis mal avec tout le monde (n'en croyez rien) car j'ai trouvé le moyen de me mettre « en froid » avec Jacques Boulenger. Je lui ai néanmoins écrit que je lui ferais lire votre étude à cause des choses gentilles que vous dites sur lui...

Bien que je ne le connaisse pas, Allard m'a très gentiment écrit pour s'excuser de son article (1). Je vous raconterai la rocambolesque histoire de la traduction

(1) Roger Allard, *Sodome et Gomorrhe ou Marcel Proust moraliste. (Nouvelle Revue Française du 1er juin 1922).*

que j'avais demandée à votre intention
de l'article de Curtius. En tout cas, je
crois que la N. R. F. de juillet en publiera
des extraits. Mais ce sera peu de chose
car je crois impossible qu'on donne d'une
étude tellement longue et approfondie
une idée par des extraits. — Si on fait
des changements dans votre article ne
m'en accusez pas car je n'ai pas touché
à une virgule. — J'aimerais beaucoup
que vous deveniez un des rédacteurs
habituels de la N. R. F. Ils y ont infiniment plus d'influence que moi qui n'y
écris que par hasard et très rarement. En
tous cas je crois que je serai toujours
pour vous, jusqu'à ce moment là, l'intermédiaire le plus commode. Rivière sur-
mené, fatigué et distrait, laisse tout
dormir, Dieu sait où, si je ne le harcèle...

Tout à vous et finissant brièvement
par trop grande fatigue.

Votre grand ami

MARCEL PROUST

DE MARCEL PROUST

TÉLÉGRAMME

(Extraits)

Camille Vettard, 26, Boulevard Carnot
Bagnères-de-Bigorre.

Paris, 2 août 1922. — Votre magnifi-
que article (1) mon cher ami est le plus
grand honneur que je puisse recevoir.
Je voudrais ajouter plaisir à honneur si
la même souffrance qui m'empêche de
vous écrire ne s'interposait entre moi et
le plaisir. Je suis aussi très heureux de
votre éclatante rentrée dans nos revues...
qui sera pour vous au milieu de travaux
plus considérables une source utile de
distractions sérieuses et fécondes. Je
vous envoie toute mon affection recon-
naissante. Rivière est en vacances. Je ne
sais où. Sans quoi il vous eût certaine-
ment malgré son état de santé écrit en
même temps que moi.

MARCEL PROUST

(1) *Proust et Einstein* (Appendice III).

LETTRES INÉDITES

LETTRE X

(Extraits)

44, rue Hamelin.

Cher ami,

Je suis bien ennuyé de ne pas être en état de vous écrire moi-même. (1) Votre article de la N. R. F. a eu un grand retentissement et beaucoup de journaux en ont donné des analyses. Une des plus simples et des meilleures me paraît être celle de l'Echo de Paris. L'avez-vous? ou voulez-vous que je vous l'envoie? Celle de l'Opinion est moins bien à cause de

(1) La première partie de cette lettre est de l'écriture de Céleste ALBARET.

66

ce malentendu (mais je suis trop fatigué pour vous expliquer cela). En tout cas, sachez que ce n'est pas moi, mais Serge André, qui a demandé à l'Opinion de donner cette analyse. En tout cas, ne leur envoyez pas de rectification. Je ne suis pas encore réconcilié avec Jacques Boulenger, cela mettrait le comble. Allard m'a écrit un petit mot très élogieux sur votre article. Cher ami, (1) malgré ma fatigue je « prends la plume » moi-même car je sens que ma femme de chambre n'en sortira pas. J'ai à vous dire ceci. Je ne suis pas encore capable de vous répondre sur Pauper le Grand (2) parce que j'ai cassé mes lunettes, il faut qu'on m'en achète et trouve d'autres, vous ne savez pas quel drame c'est pour moi. Mais je peux vous dire cette chose insi-

(1) A partir de ces mots, l'écriture est de Proust.

(2) J'avais soumis à Proust le manuscrit de ce roman.

gnifiante. Ne « détruisez » pas votre livre en le faisant finir par une citation commentée. Je ne suis pas suspect pour la citation elle-même. Dans la préface à Morand (avec qui je suis très lié) je dis dans les mêmes termes que vous « cette admirable Nuit à Chateauroux de Giraudoux ». Mais c'est dans une préface, une étude critique. Ce serait déjà mauvais dans un roman. C'est impossible pour finir un roman. Si vous désirez exprimer votre admiration pour Giraudoux, dites cela dans la dédicace que vous me faites. Là une phrase de critique littéraire ne sera pas trop déplacée. Mais à la fin du roman personne ne comprendra que vous n'ayez pas fait l'effort suffisant pour trouver le « mot de la fin », au lieu de l'emprunter à Giraudoux. Remarquez qu'à la rigueur vous pourriez mettre le mot sans citer Giraudoux, car il est assez quelconque pour que vous puissiez l'avoir tous deux trouvé (et c'est sans doute le *cas). Si vous voulez finir ainsi et avez le scrupule de dire que c'est de Giraudoux, alors mettez un petit 1 et en note dites : « C'est ainsi d'ailleurs que se termine l'admirable, etc. ». Mais que votre texte finisse par une chose de vous. Je suis ennuyé des retards que je vais vous apporter pour Pauper le Grand. Au reste, ce n'est pas grave car Gallimard et Rivière sont en vacances...*

Je trouve que vous n'êtes pas assez sévère pour vous même. Dans votre bel article sur moi (Einstein) vous mettez sans guillemets et en pure bonne foi, je n'en doute pas, des phrases textuelles de Léon Daudet (1). Vous êtes trop remarquable pour ne pas (puisque vous avez la santé que je n'ai pas) creuser, forer sans cesse jusqu'à ces profondeurs où on

(1) J'avoue que je n'ai pas su trouver ces phrases.

se trouve soi-même (1). Avec toute mon affection admirative et reconnaissante votre dévoué

MARCEL PROUST

(1) Toujours cette esthétique moderne du *caractère* — il faut être « soi » — opposée à l'esthétique de *l'harmonie* — il faut être « beau » — des Anciens. Cf. Maurras, Benda, etc... Peut-être, pour changer, pourrait-on se préoccuper de n'être ni « sui generis » ni beau, mais simplement *franc*. J'avoue que j'attends beaucoup de la franchise — une franchise intelligente, profonde — dans tous les domaines. L'humanité n'a guère vécu jusqu'ici que d'illusions, de flagorneries et de mensonges.

Il est vrai que — dans le domaine littéraire, pour me borner à celui-là — deux prodigieux esprits au moins ont déjà montré la voie : Stendhal et, dans son stupéfiant *Ulysses* (aussi stupéfiant que le second *Faust*) James Joyce. Dostoïewski était trop russe pour qu'il pût indiquer cette voie à des occidentaux. Quant à Proust... « In the huge edifice reared by Marcel Proust there is a perceptible reluctance to venture too deeply into the dark underwold of the mind. Joyce makes no halt on his perilous descents. He goes the very bottom with an intellectual deliberation that is at times terri-

Je me figure qu'un article de Jacques Boulenger réconciliera bientôt tout. Mais au nom du ciel n'en parlez pas car j'ignore tout.

ble but which always suggests an epic grandeur. » Traduisons : « On distingue dans l'œuvre considérable de M. Proust une certaine répugnance à se risquer trop avant dans les sombres dessous de l'esprit. Joyce ne s'arrête point dans ses périlleuses descentes. Il va jusqu'au fond avec une froideur intellectuelle qui est quelquefois effrayante mais qui laisse toujours l'impression d'une épique grandeur. » Je souscris entièrement à ce jugement d'un critique américain, Herbert S. Gorman.

71

LETTRES INÉDITES

LETTRE XI

44, rue Hamelin.

Monsieur,

Monsieur Marcel Proust étant trop souffrant me charge de vous envoyer la coupure de l'Echo de Paris que vous lui aviez demandée.

Veuillez agréer, Monsieur, l'expression de mes sentiments les plus respectueux.

C. ALBARET

P. S. — Monsieur Proust me charge aussi de vous demander s'il vous serait agréable de recevoir en communication quelques lettres de M. Francis Jammes, curieuses au point de vue des rapports de M. Jammes avec la Nouvelle Revue Française.

DE MARCEL PROUST

LETTRE XII ET DERNIÈRE. (1)

Mon cher ami,

Je voudrais bien répondre longuement à vos questions, mais je suis à peu près mourant, et c'est presque un vœu d'agonisant qui sera ma réponse. Ce que je voudrais que l'on vît dans mon livre, c'est qu'il est sorti tout entier de l'application d'un sens spécial (du moins, je le crois), qu'il est bien difficile de décrire (comme à un aveugle le sens de la vue) à ceux qui ne l'ont jamais exercé. Mais ce n'est pas votre cas et vous me comprendrez (vous trouverez certainement mieux vous même) si je vous dis que l'image (très imparfaite) qui me paraît

(1) Dactylographiée.

la meilleure (1) pour faire comprendre
ce qu'est ce sens spécial c'est peut-être
celle d'un télescope qui serait braqué sur
le temps, car le télescope fait apparaître
des étoiles qui sont invisibles à l'œil nu,
et j'ai tâché (je ne tiens pas d'ailleurs
du tout à mon image) de faire apparaître à la conscience des phénomènes
inconscients qui, complètement oubliés,
sont quelquefois situés très loin dans le
passé. (C'est peut-être, à la réflexion, ce
sens spécial qui m'a fait quelquefois rencontrer — puisqu'on le dit — Bergson,
car il n'y a pas eu, pour autant que je
peux m'en rendre compte, suggestion
directe.)

Quant au style, je me suis efforcé de
rejeter tout ce que dicte l'intelligence
pure, tout ce qui est rhétorique, enjolive-
ment et à peu près, images voulues et
cherchées (ces images que j'ai dénoncées

(1) En marge, à la plume : *du moins actuelle-
ment.*

74

dans la préface à Morand) pour exprimer mes impressions profondes et authentiques et respecter la marche naturelle de ma pensée.

Je vous dis très mal tout cela, car je suis obligé de dicter avec une peine inouïe qui ne me laisse plus que la force de vous redire mon admirative et reconnaissante affection (1).

MARCEL PROUST

(1) Je ne suis disposé à croire ni aux sens ni aux qualités occultes, et j'admettrai difficilement ce « sens spécial » dont parle Proust dans le premier paragraphe de sa lettre. Tout simplement la vision intense, complexe et minutieuse de son présent et de son passé lui permettait, par le seul mécanisme de l'association par ressemblance, d'établir entre l'un et l'autre les rapports les plus subtils et, parfois, les plus profonds, les correspondances les plus imprévues et les plus lointaines. Il aurait volontiers parlé de « message ». Car il y avait du mystique chez lui. L'attente et la découverte des idées le plongeaient dans l'extase et lui donnaient le sentiment d'une révélation, comme on peut le constater dans maint passage de son œuvre (épisodes de la madeleine, des arbres de Ballec, etc..., etc...)

LETTRES INÉDITES

DE

MARCEL PROUST

A

JACQUES BOULENGER

(1921-1922)

LETTRES INÉDITES

Aux lettres qui m'ont été adressées par Marcel Proust, je dois de pouvoir ajouter celles que l'on va lire à l'extrême obligeance et à la générosité de cœur de Jacques Boulenger, que Proust appelait « le meilleur critique, et de beaucoup, de notre temps ».

C. V.

Paris, le 22 janvier 1926.

LETTRE I

(Extraits)

21 mars 1921.

... Avez-vous jamais rien lu de M. Camille Vettard? Il écrivait jadis à la N. R. F. et je ne sais pas pourquoi il a cessé. Mais j'ai reçu de lui des lettres si remarquables et si savantes que je m'imagine qu'il serait une bonne recrue pour l'Opinion. Je ne le connais pas. Il est, je crois, un peu sous-préfet ou préfet dans le midi (1). Mais (2) bien remarquable et surtout dans le domaine qui

(1) Je croyais que Proust ignorait ce détail que j'ai toujours caché à ceux de mes amis *intellectuels* qui pouvaient l'ignorer.

(2) Je souligne ce *mais* sans commentaire.

touche aux sciences. *(Il ne m'a rien demandé pour l'Opinion ni pour nulle part. Peut-être même ne veut-il plus écrire. Je vous disais cela en repensant à sa magnifique lettre)...*

Marcel Proust

LETTRE II

(Extraits)

44, rue Hamelin   *13 mars 1922.*

Cher ami,

A cause de l'excès de souffrance, j'ai maintenant une dactylographe. Mais je n'ai pas osé sans vous en avoir prévenu me servir de sa machine pour vous écrire.

J'ai à vous dire trois choses, les voici :

1° Etes-vous disposé à accueillir dans la Revue de la Semaine *un article de moi ultra élogieux sur Léon Daudet?.......*

. . . . .

2° Je vous avais autrefois recommandé (je ne l'ai jamais vu, mais je l'ai

*lu)un critique scientifico-littéraire, jadis
collaborateur assidu de la N. R. F.,
aujourd'hui en froid avec elle, M. Camille
Vettard; or il se trouve que ledit Camille
Vettard, sous-préfet je ne sais où, deux
ans après que je pensais à lui sans qu'il
l'ait jamais su, pensait de son côté à moi.
Il en est résulté qu'il m'a soumis (par
lettre car je ne le connais pas) la préface
ou dédicace de son nouveau livre, préface
qui est un éloge excessivement outré,
mais très beau, de Swann, les Jeunes
Filles et Guermantes. Je crois qu'il aimerait que cette dédicace fût publiée. Or
peut-être y consentirez-vous, même si
vous ne voulez pas d'article de moi sur
Léon Daudet. Et d'autre part, si vous
voulez de cet article, rien ne pourrait
mieux m'introduire dans votre Revue
que la dite dédicace, placée avant mon
article.*

    3° . . . .
. . . .

DE MARCEL PROUST

Mais, pour mon 2°, j'aimerais bien que vous publiiez cette courte préface de M. Vettard à qui je crois que ça ferait un immense plaisir...

Adieu, Jacques Boulenger, l'ami bien malade qui vous aime de loin.

MARCEL PROUST

LETTRES INÉDITES

LETTRE III (1)

(Extraits)

Cher ami,

Je n'ai la force que d'écrire quelques lignes. Et pardon de vous les écrire en retard. Vous me dites : « Qu'est-ce que ceci veut dire? » Ceci est, je pense, la lettre absurde de Camille Vettard. Vous avez même peut-être oublié ce nom, qui est celui d'un écrivain de grand talent, d'un profond mathématicien et d'un... sous-préfet. Je ne l'ai jamais vu, mais je l'ai lu. Et au moment où vous m'offriez gentiment l'hospitalité de la Revue de la Semaine pour un article sur Daudet,

(1) Ecrite vers le 15 mai 1922.

84

comme il venait d'écrire de très belles
pages sur moi, je vous avais demandé
qu'elles me « présentassent » à vos lecteurs; avec la générosité qui me fait tant
vous aimer, vous aviez accepté aussitôt
que cela parût en tête de mon article.
J'ai été trop mal pour écrire jusqu'ici cet
article. Vettard, qui dans ses Pyrénées ne
recevait pas régulièrement de lettre de
moi, et qui m'a l'air d'un mélancolique
impulsif, à idées noires, aura cru sans
doute que son article-dédicace était mauvais, aura voulu le refaire, enfin je
ne sais pas, les lignes étant coupées entre
un malade de Paris et un solitaire Pyré-
néen. En tout cas la forme de la lettre
qu'il vous a écrite m'a choqué, parce
qu'il a l'air de croire qu'on ne pense qu'à
lui. Comme ce n'est pas mon travers, je
me crois le droit d'essayer de le guérir
chez les êtres qui en valent la peine, et
je lui ai écrit hier pour lui « laver la

tête ». Je lui ai dit qu'il était inutile qu'il s'excusât auprès de vous de sa lettre, car vous aviez autre chose à faire qu'à arrêter une minute votre attention là dessus, et que s'il vous écrivait, vous ne sauriez sans doute même pas qui il était, le torrent de vos occupations multiples ayant sans doute effacé son nom de votre mémoire. Ne lui tenez pas rigueur d'une mélancolie anxieuse qui a pris les dehors menteurs de la fatuité, et quand mon article sera fait, je vous enverrai sa préface-dédicace qui vous plaira, je crois.

Cher ami, j'ai un million de choses à vous dire...

MARCEL PROUST

DE MARCEL PROUST

LETTRE IV (1)

Mon cher Jacques Boulenger,

Je reçois une réplique de Vettard à un article d'Allard (tout ceci du chinois pour vous), mais que je vous « communiquerai » peut-être plus tard car il y est (très gentiment) question de vous...

MARCEL PROUST

(1) Ecrite vers le 15 juin 1922.

APPENDICES

APPENDICE I

PROUST ET L'ESPRIT DE FINESSE

Les « articles » sur *Wells* dont parle Marcel Proust dans sa première lettre ne sont que deux brèves notices consacrées l'une à *la Découverte de l'Avenir*, l'autre au *Pays des Aveugles*. Je les publiai dans le numéro du 1ᵉʳ juin 1914 de la *Nouvelle Revue Française*. Voici ces notules :

I. — *La Découverte de l'Avenir*
et *Le Grand Etat,*
par H.-G.-Wells *(Mercure de France)*

On ne s'attendait pas à trouver, dans les premières pages de ce livre, un Wells bergsonien ou berkeleyen. Comment le « scientifique » qui a célébré « le soleil

91

de la généralisation qui se lève sur les faits », en arrive-t-il, dans sa *Redécouverte de l'unique*, à proclamer l'irréductibilité des phénomènes les uns aux autres, et l'action maléfique des idées générales et du nombre qui nous frappent de cécité à l'égard de tout ce que la vie comporte de miracle et de mystère? Les conclusions de Wells sont exactement celles du *Common-place Book* : « Toute chose qui existe est singulière. Si les hommes n'avaient pas pris les mots pour les choses ils n'auraient jamais pensé à des idées abstraites. »

Mais, dans les études qui suivent, *la Découverte de l'Avenir, le Grand Etat*, nous retrouvons le Wells qui nous est familier. Ici, le censeur des institutions britanniques, le Wells de *Tono-Bungay* et du *New Machiavelli*, dont la critique acerbe fait songer, dans l'ordre littéraire, à un Bernard Shaw ou à un Masterman,

92

dans l'ordre politique, à un Winston Churchill ou à un Lloyd George. Là, le Wells déterministe d'*Anticipations* et de *The Time Machine* qui se souvient des études du Royal College of Science et qui — ce sont ses propres expressions — « à force de regarder toujours en avant, a cessé d'être tout à fait sensible à la beauté des choses immédiates. » Si l'on aime les contrastes, il faut, en fermant ce livre, relire telle page de *la Couronne d'Olivier Sauvage* ou de *Jusqu'à ce dernier* de Ruskin, et, surtout, l'admirable *Napoléon de Notting Hill* de Chesterton :

Et tandis que des pédants nous faisaient observer
Tel événement qui, froidement, mécaniquement,
Devait arriver, nos âmes murmuraient dans l'ombre:
Possible, mais il ne manque pas de choses plus pro-
{bables.

II. — *Le Pays des Aveugles,*
par H.-G.-Wells *(Mercure de France)*

En suivant Wells au pays des aveugles ou au royaume des fourmis et en écoutant tels de ses héros à qui je ne sais quel sens anormal offrait à certaines heures de l'existence, sous l'image d'une porte verte dans un mur blanc, une issue, un passage secret dans un monde infiniment plus beau que le nôtre, je songeais à ces quelques lignes autrefois lues dans la *Revue blanche* : « Wells fait de nous ce qu'il lui plaît. Son imagination, abstraite s'il en fut, se projette aussitôt sous une apparence concrète, sans effort, naturellement. Les sensations font corps avec le récit; aucune n'en est détachable; on se fait de l'événement qu'il raconte une représentation continue. Ce n'est plus, à la manière d'Edgar Poë, l'analyse de l'état du patient; mais une objectivité si précise qu'elle s'oppose et vraiment semble empiéter sur nous. »

Certes, je souscris entièrement à ce jugement de Gide. Mais, quel que soit l'intérêt que nous prenions aux moindres productions du Wells « première manière », pourquoi tant différer la présentation au public français des grands romans écrits sur le type de ce roman « divers, total, agressif » que l'auteur d'*Ann Veronica* définissait dans son manifeste de 1912? Pourquoi laisser plus longtemps intraduites des œuvres aussi significatives que *Kipps, the story of a simple soul, Tono-Bungay, The New Machiavelli* et *Marriage?* »

Quant à ma note, beaucoup plus longue, sur *Gogol,* qui parut dans le même numéro de la *N. R. F.,* elle critiquait assez âprement un livre publié sur la personne et l'œuvre du grand romancier russe par M. *Louis Léger,* professeur de langue et de littérature russes au Collège de France. Elle dénonçait notamment l'insuffisance des pages consacrées au *Manteau*.

Je reproduis ici cette partie de mon article :

« M. Léger proclame une tendresse particulière pour le *Manteau.* Elle aurait bien dû refouler dans son encrier les lignes suivantes : « Après avoir lu et médité le *Manteau*, qui est un chef-d'œuvre incontestable, j'engage les curieux à se reporter aux œuvres trop oubliées aujourd'hui de Champfleury. Des récits tels que les *Souffrances du Professeur Deltheil* et *Chien Caillou* ne redoutent la comparaison ni avec Gogol ni avec Dostoïevski, et, s'ils nous étaient revenus il y a quelques années, traduits ou travestis du russe, nul doute qu'ils n'eussent obtenu un succès colossal auprès des snobs et des caillettes. » Je renonce à traduire la stupéfaction où ces quelques lignes m'ont plongé. Elles révèlent avec une candeur vraiment désarmante à quel point un philologue peut être dépourvu de goût et de sens littéraire. Je sais bien que Champfleury a parfois raconté les souffrances de pauvres diables, par exemple dans une nouvelle intitulée *Quinquet*, avec une sympathie qui plaide pour sa personne. Mais enfin l'auteur des *Bourgeois de Molinchard* ne fut qu'un piètre romancier, un observateur assez patient, mais dépourvu de toute espèce de style, et qui, lourdement, prosaïquement, racontait des scènes vues, qu'il n'aurait pu imaginer, avec un art qui ne dépasse pas l'étiage ordinaire des contes du *Journal* ou autres papiers. Que nous sommes loin, avec ce grimaud, de Gogol ! Au lieu de rapprocher de *Chien Caillou* le *Manteau*, dont s'inspirera Flaubert dans *Un Cœur Simple*, il importait, au contraire, de montrer combien une telle œuvre est unique, irréductible à quoi que ce soit d'antérieur dans la fiction. Le *Manteau* ne ressemble à rien ; il apparaît, dans sa facture terriblement stricte, « en plein débordement du romantisme sur l'Europe littéraire », et ce ne sont évidemment pas les proses d'allure voltairienne de Pouchkine qui en ont fourni le patron. Il semble qu'il soit sorti uniquement de ce don particulier que l'auteur de *Boris Godounov* et Biélinski reconnaissaient à Gogol « d'exposer vivement les misères de la vie, d'esquisser d'un trait ferme le néant d'un homme de rien et cela de façon que cent riens qui échappent aux yeux des gens distraits ont chez lui un relief extraordinaire ». C'est bien cette « vertu de microscope » — comme disait Gogol lui-même — qui a produit cette histoire d'un petit scribe, d'un humble expéditionnaire qui se prive, pour avoir un manteau, et que le vol de ce manteau, lorsqu'il l'a enfin, frappe à mort. Et la merveille, la marque de grand art, c'est tout ce que ces trente petites pages recèlent de portée symbolique, de vertu suggestive. Derrière le petit *tchinovnik* Akakii Akakiévitch, nous apercevons les innombrables « créatures que personne ne protège, qui ne sont chères à personne et n'intéressent personne, les créatures passives qui supportent les lardons d'une chancellerie, puis s'en vont au tombeau sans aucun événement notable », et, en regard de ces pauvres choses chétives et courbées, nous voyons se dresser comme un sphinx ce monstre qui n'a ni figure humaine, ni cœur, ni entrailles : la Direction générale.

« Le *Manteau* occupe une place à part dans l'œuvre de Gogol. Il annonce l'œuvre de Dostoïevski... N'eût-il écrit que le *Manteau*, Gogol aurait marqué

dans la littérature russe une empreinte ineffaçable. » Voilà tout ce que M. Léger trouve à dire sur l'influence exercée par cet incomparable chef - d'œuvre. On avouera que c'est peu. On connaît ce mot qui devrait servir d'épigraphe à tous ceux qui écrivent sur Nicolas Vassiliévitch et que Melchior de Voguë tenait d'un écrivain russe : « Nous sommes tous sortis du *Manteau* de Gogol. » En quel sens et dans quelles limites il est vrai que le *Manteau* renfermait dans ses plis toute la fiction russe, que là, en ce point unique, à cette date (1842) se trouvait le précieux gisement aurifère d'où divergeraient les filons qui allaient contribuer à la richesse de la littérature slave, c'est ce que l'on démêle à peu près clairement une fois qu'on a su lire comme il convient ces trente pages. Mais on aimerait que cela fût établi une fois pour toutes avec une méthode et une

100

précision rigoureuses. Et, d'autre part, on eût souhaité que M. Léger indiquât, non pas, puisque la chose a été faite dans le *Roman Russe*, la divergence radicale du réalisme russe et du réalisme français, mais la divergence moins sensible du réalisme russe et du réalisme anglais. Et par là on était en bonne voie pour définir cet humour de Gogol qui n'est pas le rire innombrable de Dickens, ni cette jubilation de l'esprit qui comprend, que nous rencontrons chez Chesterton, ni le sourire sarcastique qui erre sur les lèvres de Swift. Faut-il songer à Cervantès, comme le veut de Voguë? Ou ne sommes-nous pas plutôt en présence de quelque chose de spécifiquement, de strictement russe? »

*
* *

L'homme change et l'auteur. Je ne sais si je récrirais ces notes sur Wells ou cet article sur Gogol dont je viens de donner un aperçu. Il y a toutefois dans mes pages cursives sur l'auteur des *Ames Mortes* un passage qui exprime des idées qui n'ont cessé de m'occuper. Il me faut excuser de le recueillir ici, car il me permettra de signaler un aspect essentiel, encore que fort négligé par la critique, du génie de Marcel Proust.

« Gogol, disais-je, s'était fait remarquer dès le collège pour son aptitude à saisir et reproduire « au naturel, non seulement l'apparence extérieure, mais le caractère de toute personne qu'il trouvait sur son chemin ». Songez à Becque qui, travaillant devant sa glace, cherchait jusqu'aux gestes des personnages et attendait que le mot juste, la phrase exacte vinssent sur ses lèvres. Songez à Dickens qui faisait également devant un miroir les contorsions et les grimaces qu'il voulait prêter à ses héros. Songez maintenant à la théorie de l'émotion de William James, au mot de Pascal sur la machine, l'automate. Celui qui prie joint les mains et ploie le genou, mais, réciproquement, celui qui joint les mains et ploie le genou se sent prédisposé à la prière et au recueillement. En vertu de cette correspondance, un romancier, par l'intermédiaire de son corps, peut pénétrer dans l'âme d'autrui, s'y transfuser pour ainsi dire. C'est le *don d'avatar* dont on a souvent parlé sans trop l'expliquer, une sorte de *faculté de mimétisme* (non sans analogie avec l'intuition bergsonienne) qui, on le voit, s'était manifestée de très bonne heure et à un très haut point chez Nicolas Vassiliévitch. »

On sait que le chevalier Méré écrivait à Pascal : « ...Lorsqu'on a l'esprit vif et les yeux fins, on remarque à la mine et à l'air des personnes qu'on voit quantité de choses qui peuvent beaucoup servir, et si vous demandiez, selon votre coutume, à celui qui sait profiter de ces sortes d'observations, sur quel principe elles sont fondées, peut-être vous dirait-il qu'il n'en sait rien et que ce ne sont des preuves que pour lui. » Méré rédigeait ces lignes en 1658, et, quelques années plus tard, dans les *Pensées*, son étonnant et puissant correspondant notait à son tour : « ...Dans l'esprit de finesse... il n'est question que d'avoir bonne vue, mais il faut l'avoir bonne; car les principes sont si déliés et en si grand nombre qu'il est presque impossible qu'il n'en échappe... Il faut tout d'un coup voir d'un seul regard et non par progrès de raisonnement, au moins jusqu'à un certain degré. Et ainsi il est rare que les géomètres soient fins et que les fins soient géomètres, à cause que les géomètres veulent traiter géométriquement ces choses fines... Ce n'est pas que l'esprit ne le fasse; mais il le fait tacitement, naturellement, et sans art, car l'expression en passe tous les hommes, et le sentiment n'en appartient qu'à peu d'hommes. »

Edgar Poë a néanmoins imaginé un personnage, un héros de l'esprit, qui possède à la fois ce *sentiment* rare et cette *expression* impossible. Il s'agit du chevalier C. Auguste Dupin, sorte de prototype du *M. Teste* de Valéry. Il apparaît dans ces « contes étranges », l'*Affaire de la rue Morgue*, la *Lettre Volée*, le *Mystère de Marie Roget*.

Dupin se divertit un soir, dans une « rue sordide » des environs du Palais Royal, à reconstituer la chaîne de pensées secrètes qui, durant un grand quart d'heure, vient de se forger dans l'esprit d'un ami silencieux qui l'accompagne. Et il y parvient, non seulement parce qu'il a les yeux vifs, mais parce qu'il leur ajoute beaucoup de géométrie et qu'il démêle, sachant en déduire les conséquences, les principes de toutes choses.

Mais cela est difficile autant que rare, et Pascal a raison de dire que, dans les choses de finesse, le *sentiment* domine et non point la raison. On l'appelle plus particulièrement *flair* ou *instinct*, *tact* ou *intuition*. Ce sont termes commodes et qui n'expliquent rien.

Y a-t-il une explication possible ou tout au moins probable?

Je n'en trouve point d'autre que celle de mes pages anciennes et juvéniles sur Gogol. (1)

(1) J'exagère en disant qu'*intuition* et *instinct* ne sont que des termes commodes. Au

Le baîllement, nul ne l'ignore, provoque le baîllement, et, en général, chez les esprits fins, qui remarquent beaucoup de mouvements — et des plus subtils, — ces mouvements provoquent l'imitation ou un commencement d'imitation. Or, à tout mouvement correspond une pensée (au sens le plus large). Donc, on éprouve les pensées en refaisant les mouvements (1). C'est dans cette loi psychophysiologique que gît le secret de la faculté de métempsychose ou de mimétisme de ces fins observateurs et enregistreurs que sont, en général, les romanciers de vocation. De leur propre aveu, Stendhal, Gogol, Dickens « mimiquaient » — j'emprunte ce terme à l'admirable *Vie*

vrai, ils requièrent de nombreuses explications. Je ne fais que donner l'une d'elles qui s'applique plus particulièrement à beaucoup de romanciers.

(1) *Réciproque* : — En éprouvant les pensées, on fait les mouvements.

de Henri Brulard — les personnages de leurs livres.

Proust aurait pu faire le même aveu, qui — nous le savons par ses biographes, Jacques-Emile Blanche, Madame de Clermont-Tonnerre, Léon Daudet — possédait à un degré extrême le don de contrefaire. Il appelait « singeries » ce mimétisme. Elles étaient une de ses puissances.

Mon ami regretté, Félix Le Dantec, rêvait d'un phrénographe. Mais cet instrument existe, qui est tout simplement notre corps. Pourquoi rêver d'un monde où l'esprit serait à nu et impossible le mensonge, quand ce monde est le nôtre? Si, comme l'a dit Talleyrand, le langage a été donné à l'homme pour déguiser sa pensée, quel carnaval inutile! Car les gestes, les expressions du regard, les mouvements du visage et ses couleurs déshabillent les mots. La pensée ne se

traduit pas toujours par le son (et encore
il y a l'accent). Mais elle est visible dans
l'espace, dessinée par les moindres mus-
cles et peinte par le sang. Il ne faut à
cette graphie qu'une clé, soit la lucidité
d'un Auguste Dupin ou la plasticité d'un
Marcel Proust.

APPENDICE II

DÉDICACE A MARCEL PROUST (1)

J'avais acheté *Du côté de chez Swann* et *A l'Ombre des Jeunes Filles en fleurs* à la petite librairie qui expose à sa vitrine des poupées de bois en costume local (le costume du pays que j'habite bien loin de Paris). Mes deux volumes sous le bras, je rentrais chez moi. J'étais heureux. Je n'avais lu que la première phrase des *Jeunes Filles en fleurs*. Mais cette phrase avait suffi. J'avais entendu — chose si rare — le son d'une âme (une âme véridique, scrupuleuse) ; et comme chacun (Maine de Biran l'a dit) sent la vie à sa façon, j'étais bien sûr, puisque

(1) Voir plus haut Lettre II.

ce nouvel auteur — dont je me répétais le nom : Marcel Proust — avait un tel accent de vérité, de trouver dans ses livres ce que je n'avais entendu ou lu nulle part ailleurs. Et l'événement **a** dépassé mes espérances. Je suis **entré** dans votre œuvre, Marcel Proust, et je n'en suis plus sorti, assistant de mon parc, sous le grand pin de la pelouse centrale, à côté du couvent silencieux, loin du siècle et des chapelles littéraires, à une nouvelle création du monde, et plaignant tant de gens, si savants, si lettrés, qui n'ont rien soupçonné de cet étrange événement.

« Quelle âme, quel esprit est donc Proust? » me demandais-je. Et je me répondais : « Une personnalité délicieusement différente, comme Henri Beyle ». Mais, s'il fallait découvrir non pas votre

« différence », mais quelque ressemblance, quelque air lointain de famille spirituelle, sans doute songerais-je moins au robuste et actif écrivain de *Henri Brulard*, qu'à un Shelley, un John Keats, un Gérard de Nerval, un Stevenson, ou mieux à Maine de Biran — le psychologue solitaire du château de Grateloup, si sensible et si fin, lucide et profond — un Maine de Biran qui serait aussi artiste que philosophe.

Je discerne chez vous je ne sais quelle fine fleur de grande et ancienne bourgeoisie française, un amour infini de la vérité, et je reste confondu de tant d'intelligence unie à tant de sensibilité... L'intelligence pure chez vous est extraordinaire. Votre puissance d'analyse, de critique et de réflexion philosophique paraît dans ces commentaires infinis et quelquefois ces commentaires de commentaires (d'une finesse, d'une subtilité et d'une profondeur admirables) sur les moindres événements, les moindres faits de votre monde intérieur ou du monde extérieur. Et c'est une sensibilité prodigieuse qui fournit et prodigue à cette intelligence la matière sur quoi elle s'exerce. (Je ne vois qu'une comparaison : celle qu'on pourrait faire avec l'appareil de Marconi ou de Branly le plus réceptif). « Sensibilité délicate jusqu'au raffinement et tendre jusqu'à la subtilité », comme on l'a dit de Stendhal, mais sensibilité non du cœur seulement mais du corps tout entier, dont le pouvoir de discrimination semble presque se confondre avec la lucidité analytique de l'esprit. Et toutes les pensées, toutes les réflexions, tous les jugements de cette intelligence si forte et si fine, ainsi que toutes les impressions, tous les frémissements, toutes les vibrations de cette sensibilité suraiguë et nombreuse sont non seulement conservés *sous forme émotionnelle* (comme chez chacun de nous la totalité de ce qu'il a senti, pensé et voulu depuis et même, car il y a des souvenirs hérités, avant sa naissance) dans la mémoire subconsciente (cette mémoire qui est la plus grande et la plus profonde et la plus intime partie de notre personnalité), mais encore sont prêts à reparaître, avec une fidélité, une profusion et une intensité, que l'on serait tenté de déclarer miraculeuses et qui vous identifient au *rêveur pur* de Bergson (1), à la moindre excitation venant de l'extérieur, au moindre souffle, à la moindre saveur, au moindre parfum...

Imitant les mathématiciens, lorsqu'ils passent « à la limite », je pourrais dire, Marcel Proust, que vous êtes une spiritualité pure (ou, si l'on préfère, un système nerveux dépouillé de toute enve-

(1) Voir *Matière et Mémoire.*

loppe charnelle), un Ariel. Tout, chez vous, paraît esprit et semble vous apparaître esprit, et vous vivez dans un monde irisé, éthéré, volatil et mobile, un monde de sensations ténues et nacrées, au double liseré spirituel (celui de l'impression et celui de la mémoire), un monde astral, où vous poursuivez d'un vol léger qui jamais « ne pèse et ne pose » et captez, d'une main « si tendre, si prudente, si délicate et si sûre », ces créatures divines que nous appelons Idées. Il semble aussi que, sous votre regard lucide, tout ce qui est de l'être humain devienne, dans les arcanes les plus obscurs, dans la cryptomnésie la plus ténébreuse, d'une transparence éclairée de cristal... Bref, il n'est pas, soit dans le monde sensible ou le monde interne, de variables et de fonctions infinitésimales, point de différentielles qui vous échappent, et dont vous ne connaissiez, au surplus, l'intégrale...

116

***

Beaucoup de critiques ont glosé sur votre art. Comment n'ont-ils pas vu qu'il est fait, comme l'exigeait votre cher Ruskin, « de patience, de droiture et d'humilité », et que votre esthétique est inscrite à chacune de vos pages (celles sur Elstir, Bergotte, La Berma, Vinteuil, etc...) ?

Vous vous efforcez d'abord, comme votre Elstir, de saisir et de fixer ce moment rapide et fugitif, où la mémoire spontanée (cette mémoire qui est personnelle à chacun de nous et, par conséquent, originale, précédant le nom et les notions de l'intelligence) projette sur la perception pure, immédiate, sa première image, appelée par une ressemblance plus ou moins superficielle, ou même une confusion, une illusion. « Nous n'identifierions pas les objets, si nous ne faisions pas intervenir le raisonnement ». Les personnages, les caractères sont vus comme les choses. Ils ne sont pas définis d'emblée. Toute la suite des impressions et des expériences, s'additionnant et se corrigeant mutuellement (gestes, expressions, attitudes, tics, manies, intonations, paroles et actes) qui vous ont renseigné, est notée dans l'ordre des perceptions. De même toute la vie intérieure du personnage qui dit « je » (cœnesthésie, impressions organiques et sensorielles, sentiments, associations d'idées, raisonnements, etc...). En particulier, quand votre intelligence si subtile et si aiguisée s'empare de ce monde de la perception pure et des perceptions successives accompagnées des réactions de la mémoire spontanée, cette intelligence est encore notée en action, en état d'invention, de parturition. D'un mot, votre art, qui ne veut rien choisir, rien sacrifier, est

118

de la sténographie, la sténographie d'un psychisme intégral, depuis les sourds murmures de la subconscience jusqu'aux paroles nettes et incisives de la conscience...

**

Il y a beaucoup d'incidentes, de parenthèses, de propositions subordonnées et de virgules plutôt que de points, dans une vie psychique ainsi saisie. Vous les respectez et, en dépit de toutes les critiques qui vous ont assailli à ce sujet, j'ose dire que ce sont ces singularités de votre phrase qui font de vous un écrivain génial. Je songe parfois, lorsque je les rencontre, à ces coordonnées intrinsèques qu'Einstein a inventées pour enfermer dans ses formules un monde dont la courbure varie en chaque point, ou, en d'autres termes, à ces « mollusques », ces « pieuvres de référence », dont on a dit

qu'ils constituent « des axes de coordonnées qui ne sont plus des droites ni des
courbes, mais des filaments continuellement agités en tous sens et qui se tordent
comme les bras d'une pieuvre ».

*
* *

Ai-je dit, comme il convenait, ma
reconnaissance et mon admiration? Quoique je ne vous sois encore que bien peu
connu, j'ose les appeler une « Amitié ».

En inscrivant votre nom en tête de
mon premier livre, c'est cette amitié que
je publie.

Camille Vettard

Bagnères-de-Bigorre, le 15 février 1922.

APPENDICE III

APPENDICE III

PROUST
ET LA « PHRASE MOLLUSQUE »

La dédicace que l'on vient de lire rapprochait les noms de Proust et d'Einstein.

Il est, en effet, difficile à un esprit, quelque faible soit-il, qui s'est efforcé, selon ses humbles forces, d'acquérir simultanément des clartés des sciences et des lettres, de ne pas reconnaître entre les deux domaines et leurs exploitants de singulières analogies.

Dans les admirables *Entretiens avec Paul Valéry* qu'a publiés M. Frédéric Lefèvre, l'inventeur de *M. Teste* apparente Mallarmé aux logiciens symbolistes et Rimbaud à des expérimentateurs tels que William Crookes et Pierre Curie. Il déclare qu' « il y a un style des mathématiciens, une physionomie de la formule qui est aussi reconnaissable que le style des écrivains (quand ils en ont un) ». Il ajoute que « Poincaré *n'écrit* pas comme Hermite » et qu' « il y a même des styles nationaux jusque dans l'algèbre ».

J'irai plus loin que Paul Valéry. Je ne me ferai aucun scrupule d'énoncer que, si les géomètres ou les physico-mathématiciens ont un style, ce style évoque fréquemment tel ou tel style littéraire, — et inversement. Un Henri Bouasse écrit comme un Henri Beyle. Un Paul Valéry écrit comme un Josiah-Willard Gibbs.

Dans une de ses remarquables études d'histoire des sciences, Pierre Duhem loue chez Gibbs, le grand physico-mathématicien américain, une pensée dont la tendance à « se condenser » se marque dans « l'excessive contraction du style » et « l'extrême brièveté des écrits où elle se trouve renfermée plutôt qu'exposée ». Et le regretté physicien de Bordeaux expliquait que Josiah-Willard Gibbs « aimait à contempler la vérité, non pas dans la multiplicité variable et changeante des propositions particulières, mais dans l'unité fixe et immuable de la proposition générale ». Sa pensée, poursuivait Duhem, « ne cherchait pas à s'étendre dans le développement de plus en plus ample des conséquences, mais à se concentrer dans le resserrement de plus en plus dense des principes ».

« Contraction du style », « brièveté des écrits », resserrement de la pensée dans l'unité fixe et immuable des propositions générales » : comment éluder un rapprochement avec un prosateur et un poète aussi concis, abstrait et généralisateur que Paul Valéry?

« Il est de ces écrivains qui laissent au lecteur le soin du développement, énoncent l'idée trouvée et passent à une autre... »

Ceci, qui s'applique au merveilleux styliste de *Variété* et de la *Jeune Parque*, est simplement plus vague que cela, qui s'appliquait au profond physico-mathématicien de New Haven. Mais, qui voudra définir avec quelque netteté la nature de l'esprit et le caractère du style de Paul Valéry devra reprendre les formules qui ont été inspirées à Pierre Duhem par l'œuvre géniale de Josiah-Willard Gibbs.

Certes, j'étais bien éloigné, quand j'écrivais, avec une ferveur de néophyte, ma *Dédicace à Marcel Proust*, d'attribuer à l'auteur de *La Recherche du Temps Perdu* la puissance d'abstraction, de déduction et de généralisation qui carac-

124

térise l'inventeur de la théorie de la Relativité restreinte et généralisée. Je ne pensais pas et je ne pense pas davantage aujourd'hui qu'il convient de comparer Proust, comme a fait Valéry Mallarmé, à un créateur de *formes* ou d'instruments logiques. J'assimilais bien plutôt Proust à ces Crookes, à ces Curie « qui rendent sensibles des phénomènes infiniment délicats », ou encore à ces physiciens anglais assez pauvres d'abstraction, mais d'esprit étonnamment ample et fin, qui ne *comprennent* pas une machine en la déduisant d'un principe, mais qui la *voient* ou *l'imaginent* dans toute la complexité de ses détails visibles et tangibles.

Pourquoi donc parlé-je, dans ma *Dédicace*, d'Einstein?

On sait peut-être que, dans son effort pour exprimer mathématiquement un monde à courbure variable en chaque point, Albert Einstein a été amené au cours de l'édification de la théorie de la Relativité généralisée, à abandonner les systèmes de référence solides de Galilée et de Descartes. S'inspirant des systèmes de coordonnées de Gauss à quatre dimensions, il a adopté des systèmes de référence non solides. Ces nouveaux systèmes « sont, dit-il, non seulement animés, comme tous les corps, d'un mouvement arbitraire, mais encore ils subissent, pendant leur mouvement, des changements de forme arbitraire, et l'on pourrait avec raison les désigner sous le nom de mollusques ou pieuvres de référence ». En d'autres termes, empruntés à M. Gaston Moch, Einstein a employé des « axes de coordonnées qui ne sont plus des droites ni des courbes, mais des filaments continuellement agités en tous sens et qui se tordent comme les bras d'une pieuvre ».

126

Tout simplement, ma *Dédicace* signalait *une certaine ressemblance* entre les pieuvres de référence d'Einstein et la phrase-polype de Proust. En s'ingéniant un peu, on pourrait dire qu'elle est munie de multiples organes de préhension, parenthèses, incidentes et propositions subordonnées qui ne laissent rien perdre d'une nombreuse conscience, de même que les systèmes de référence tentaculaires d'Einstein imposent leur prise à toutes les variations de courbure de l'univers. *A la rigueur,* on se divertirait, à prétendre que les parenthèses, qui jalonnent les phrases proustiennes, jouent assez souvent un rôle analogue à celui de la quatrième coordonnée einsteinienne. Elles introduisent comme une quatrième dimension, que l'on peut dire temporelle, en insérant des souvenirs dans la trame de l'actuel.

Je crus devoir protester, lorsque de ce

rapprochement entre deux *écritures*, l'une *artiste*, l'autre *mathématique*, Roger Allard, dans un article de **la N. R. F.** sur *Marcel Proust moraliste*, fit un rapprochement entre *l'œuvre* d'Einstein et *l'œuvre* de Proust. J'écrivis à Jacques Rivière une assez longue lettre, qui parut dans le numéro du 1ᵉʳ août 1922 de la N. R. F., et qui me valut de Proust le magnanime télégramme qu'on a lu.

« M. Borel, déclarais-je, a dit qu'Einstein « nous a apporté une manière nouvelle de regarder le monde » et qu' « il est désormais impossible à tous ceux qui l'ont lu de penser comme il l'auraient fait, s'ils ne l'avaient pas lu ». C'est exactement ce que je dirai de Marcel Proust. Comme cet oculiste dont il parle dans sa Préface au livre de Morand, *Tendres Stocks*, Proust a fait subir à nos yeux une opération salutaire, et un monde nouveau, bien différent de celui auquel nous étions habitués, nous est apparu, singulièrement attachant et « parfaitement clair »...

...Enfin, ceux qui savent ce qu'Einstein entend par « mollusque » ou mieux « pieuvre de référence » (à savoir, comme le dit à peu près M. Gaston Moch, « des axes de coordonnées qui ne sont plus des droites ni des courbes, mais des filaments continuellement agités en tous sens et qui se tordent comme les bras d'une pieuvre ») verront peut-être dans la phrase de Proust, avec ses incidentes, ses parenthèses, ses tirets, ses innombrables propositions subordonnées et ses multiples images à facettes, quelque chose d'analogue. Ce sont là des analogies, des images — je l'entends bien ainsi — qui ne sautent pas aux yeux de purs lettrés, mais qui s'imposent, je crois, à ceux qui sont un peu moins anachroniques et savent, au XXe siècle, un peu d'algèbre et de physique mathématique. Elles ne sont pas plus ridicules et elles sont peut-être un peu moins forcées et un peu plus inévitables que tant de comparaisons sentant l'huile que nous infligent, à chaque ligne, bien des ouvrages contemporains que je ne serais pas embarrassé de citer. »

Je terminais ainsi :

« Dirai-je maintenant, et pour finir, que M. Allard a peut-être tort d'écrire : « Faut-il dire, que Proust a *bouleversé* la psychologie, comme on dit qu'Einstein a fait la physique? » Je vois d'ici M. Bouasse, le physico-mathématicien de Toulouse, bondir et fulminer à ces mots de bouleversement de la physique, car il n'y aurait bouleversement que s'il y avait changement de méthode, et la méthode de la physique est bien fixée. Je me suis quelquefois diverti à appeler M. Bouasse, qui est une intelligence étonnamment claire et un terrible confrère peu respectueux des gloires établies, un « Stendhal de la physique ». Appelons de même M. Proust un Einstein de la psychologie ou M. Einstein un Proust de la physique, sans penser que la théorie de la Relativité généralisée se retrouve dans la *Recherche du Temps perdu,* ni M. de Charlus ou les découvertes psychologiques et stylistiques de Proust dans les équations covariantes d'Einstein, mais en nous disant que l'un et l'autre ont créé un nouveau monde. »

APPENDICE IV

APPENDICE IV

PROUST ET LE TEMPS

J'avais abordé la lecture d'*A la Recherche du Temps perdu* dans cette petite librairie provinciale dont parle ma *Dédicace à Proust*. Sa vitrine s'ornait alors de poupées de bois revêtues d'un costume local, qui n'existe plus guère qu'à l'état de souvenir : béret, veste et pantalon de bure, avec ceinture de flanelle rouge, pour les hommes, capulet, chale et jupe rouge à raies noires pour les femmes, sabots pour les deux sexes... C'est dans cette même librairie, le 19 novembre 1922, alors que les poupées avaient depuis longtemps déserté l'étalage, qu'un grand journal de province m'apprit la mort de Marcel Proust. Pas plus qu'un ami imaginaire (1), Proust n'était, hélas! un malade de Molière.

Je reçus quelques jours plus tard une lettre de Jacques Rivière. Il me demandait d'écrire pour l'*Hommage à Proust* de la *N. R. F.* quatre à cinq pages sur *Proust et le Temps.* Je résumerai ici, avec quelques brèves indications nouvelles, l'article que j'envoyai.

Proust a apporté une transcription originale du temps présent et du temps

(1) Je regrette de ne pouvoir donner une lettre, dont je n'ai pas été le destinataire, où se révèle non plus une amitié particulière de Proust, mais son universelle charité. Il s'y déclare « le plus tolstoïsant des hommes », annonçant qu'il ne publiera pas certain pastiche de Renan, qu'il avait écrit, « dans la crainte, dit-il, de manquer de cœur... même envers des hommes inconnus de moi ». Il avait pris comme sujet de cet « A la manière de Renan » la conférence de Cannes.

Il y avait en Proust du Prince Muichkine, l'*évangélique* héros de Dostoïewski.

134

passé. Il a changé, en premier lieu, l'unité de *temps présent* des romanciers. « On n'imagine pas, dit à peu près M. Lanson, ce qu'il découvre d'événements dans une seconde de la vie d'un cœur. » La durée de Proust était si riche et si dense, qu'une de ses minutes équivalait à une heure d'un autre. « Proust, ai-je écrit, a apporté dans le domaine artistique, des divisions du temps extrêmement plus fines que celles qui avaient été apportées par les romanciers qui l'ont précédé, sans excepter les romanciers anglais, fût-ce Meredith ou Henry James. A ce point de vue, la typographie de ses ouvrages — surtout celle des premières éditions d'*A l'Ombre des Jeunes filles en fleurs* — est aussi révélatrice que la typographie d'*Un coup de dès* de Mallarmé. Ce texte dru, minuscule, compact, aux paragraphes massifs coupés de rares alinéas, donne, comparé au texte des autres écrivains, la même impression que donnerait un cadran marquant les secondes mis en regard d'un cadran marquant les heures ou les minutes (1). Proust divise le temps ordinaire des autres romanciers, ou, plus précisément, les intervalles de temps dont ils ont coutume d'user, en une infinité d'intervalles plus petits, et, cette division étant effectuée non seulement pour la vie intérieure mais encore pour le monde extérieur, il s'efforce de décrire ou de raconter tout ce qui se passe dans chacun de ces intervalles infinitésimaux. Il en résulte que, pour la vie intérieure, la vie psychologique, Proust a été amené à noter, au sein des cycles psychiques, entre le point de départ et le point d'arrivée, de multiples manifestations négligées par ses devanciers, discri-

(1) Jacques Rivière a repris cette comparaison dans une *Conférence sur Proust.*

minant de seconde en seconde les représentations intellectuelles (perceptions, évocations, jugements) les retentissements affectifs (émotions, sentiments) les extériorisations motrices (réflexes, humeurs ou états du tonus musculaire, actes) qui constituent ces cycles. Il faut noter qu'à ce point de vue ses descriptions sont véritablement cartésiennes et non pas seulement bergsoniennes et qu'elles n'admettent pas de ces « éclairages à la Rembrandt », de ces « clairs-obscurs » qui ne révèlent qu'une imparfaite analyse, un imparfait dénombrement. »

Concernant le *temps passé*, Proust a réalisé un vœu de M. Bergson. On sait que l'illustre philosophe a souhaité l'avènement d'un art qui, « en dilatant notre perception, non plus seulement en surface, mais en profondeur, et en n'isolant jamais le présent du passé qu'il traîne avec lui. donnerait aux choses comme une quatrième dimension ». Il n'est guère de phrase de Proust qui n'insère un souvenir, le plus souvent au moyen de parenthèses, dans une suite d'états actuels. Ces parenthèses, qui se sont imposées à l'esprit de Proust, sans qu'il y ait eu adoption systématique d'un procédé abstraitement conçu, sont disposées, pourrait-on dire, comme une série de miroirs qui refléteraient le présent en lui donnant le visage du passé.

L'extrême division du temps présent et le rappel incessant d'un temps passé, d'ailleurs également divisé, Proust a pu les réaliser dans son œuvre, grâce à une mémoire si extraordinaire qu'on a pu lui attribuer un caractère de génialité. Mais l'une de ses singularités a consisté à tirer le plus grand parti possible du vague *sentiment de familiarité* que nous éprouvons dans certains lieux et dans certaines cir-

constances, et qui nous fait dire *que*
« dans ce qui nous entoure, dans ce que
nous voyons ou entendons, *quelque chose
nous est familier* » (1). Russell, l'admirable mathématicien-philosophe anglais, à
qui j'emprunte cette phrase (2), cite à ce
sujet une page de *Fumée* de Tourguéniev,
« dont le héros est tourmenté par le sentiment obsédant que quelque chose dans
le présent lui rappelle quelque chose du
passé, et il finit par identifier ce vague
souvenir avec celui de l'odeur d'hélio-
trope ». Toutes les fois que Proust éprou-
vait un sentiment de familiarité sans
objet défini, — j'emprunte encore le langage de Russell, — il cherchait, il scru-
tait le milieu, jusqu'à ce qu'il eût trouvé
l'objet dont il pût dire : voilà ce qui

(1) Ce sentiment doit être éveillé, je pense,
par des modifications organiques similaires.
(Voir ma *Préface*).

(2) Bertrand Russell. — *The Analysis of Mind.*

m'est familier. Il s'attachait alors à épuiser toutes les associations de souvenirs qui se rattachaient à cet objet. C'est ce qu'il appelait *rechercher le temps perdu et le retrouver.*

LIVRES A CONSULTER

———

Charles du Bos. — *Approximations*. (M. Charles
du Bos, dans une étude extrêmement fine
et pénétrante, a très heureusement mis en
lumière l'état d'esprit quasi-mystique que
Proust apportait à la recherche du souvenir).

E. de Clermont-Tonnerre. — *Robert de Montesquiou et Marcel Proust.*

Benjamin Crémieux. — *XXe Siècle.* (Benjamin
Crémieux a bien voulu citer dans ce livre
mon article sur *Proust et le Temps* — voir
l'appendice III — et m'appeler dans une
lettre « un des vingt vrais Proustiens de
France ». Il en est un autre).

Bernard Faÿ.— *Panorama de la Littérature Contemporaine.* (Les pages sur Proust sont
de premier ordre, comme tout le livre
d'ailleurs).

141

LIVRES

Léon Pierre-Quint. — *Marcel Proust, sa vie, son œuvre.* (Ce livre est tout à fait remarquable).

Articles de Jacques-Emile Blanche, Henry Bidou, Jacques Boulenger, André Chaumeix, Léon Daudet, André Gide, Edmond Jaloux, Paul Souday, etc...

Œuvres de Bergson, et *Le Subconscient Normal* d'Abramowski.

La connaissance des œuvres de Bergson et du livre d'Abramowski est très utile, le vocabulaire dont Proust se sert pour décrire ce qu'il appelle « le temps perdu » étant très étroitement apparenté au vocabulaire qu'emploie Bergson pour décrire la « durée pure et concrète » et surtout au vocabulaire adopté par Abramowski pour la description du « subconscient normal ». Les analogies de pensée et d'expression entre Proust et Abramowski, qui ont publié, à peu près à la même date, l'un *Du Côté de chez Swann*, l'autre le *Subconscient Normal*, sont surprenantes. En somme, « temps perdu » de Proust, « durée » de Bergson et « subconscient normal » d'Abramowski sont une seule et même chose, que Proust décrit comme « des souvenirs ajoutés les uns aux autres, et ne formant plus qu'une masse », Bergson, comme « une succession d'états si solidement organisés, si profondément animés d'une vie commune que

142

l'on ne saurait dire où l'un quelconque d'entre eux finit, où l'autre commence », et enfin Abramowski, comme une « masse affective où les souvenirs sont contractés à l'état de réduction ou de fusion émotionnelle ». Je m'empresse d'ajouter que je ne vois dans tout cela qu'une *confusion* de souvenirs vagues des différents domaines sensoriels, qu'il appartient à la conscience de rendre clairs et distincts.

En usant du langage d'Abramowski ou d'un langage approchant, on pourrait dire que la *Recherche du Temps Perdu* de Proust est l'effort, accompagné de sentiments d'extase et de révélation, pour convertir en une représentation exhaustive de la conscience claire les réductions ou fusions émotionnelles de son passé ; — que le *Temps Retrouvé* ne peut être vraisemblablement que l'aboutissement, accompagné d'un sentiment de paix et de libération, de cet effort ; — et qu'en définitive le livre de Proust, avec ses deux grandes divisions, est le récit analytique et lyrique d'une manière de vie purgative et illuminative dans ses différents modes et à ses divers degrés.

143

TABLE

TABLE

TABLE

TABLE

TABLE